AF324593

EDICT DV ROY,

PORTANT SVPPRESSION
de l'Edict de creation des Cent
offices de Secretaires de la Chã-
bre de sa Majesté: Et creation de
Trente deux Offices de Greffiers
des Cõmissions extraordinaires.

Verifié en la Chambre des Comptes le 6. Mars 1626.

Auec les Arrests du Conseil d'Estat du 13. & 20. May 1626.

A PARIS,
Par P. METTAYER, Imprimeur & Li-
braire ordinaire du Roy.
M. DCXXXII.
Auec Priuilege de sa Majesté.

OVIS PAR LA GRACE DE DIEV ROY DE FRANCE ET DE MAVARRE, A tous presens & à venir, Salut. La confusion aduenuë au fait & exercice des charges de Greffiers des Commissions extraordinaires, esmanées de nostre grand Seau, & les difficultez d'auoir la cognoissance de l'execution desdites Commissions, tant du regne du feu Roy nostre tres-honoré seigneur & pere, que Dieu absolue, que depuis nostre aduenement à ceste Couronne, pour les rachapts de plusieurs parts & portions de nostre Domaine, offices, & droicts hereditaires, ventes, reuentes, & alienations de nostredit Domaine, & droicts depuis par nous ordonnez, Nous auoit fait resoudre, auec le desir de receuoir quelque notable somme de deniers en la necessité de nos affaires, de creer & eriger en tiltre d'office par nostre Edict du mois d'Octobre mil six cens treize, iusques au nombre de cent Secretaires ordinaires de nostre Chambre, auec la qualité de nos Conseillers, aux gages de quatre cens liures chacun par an, reuenant pour le tout à quarante mil liures : & faculté d'exercer priuatiuement à tous autres les charges & places de Greffiers en toutes les Commissions extraordinaires expediées soubs nostre grand Seau pour nos affaires & seruice : mesmes pour execution de nos Edicts & Ordonnances, Arrests de nostre Conseil, ou autrement, & iouyr des droicts y appartenans : A

A ij

la charge d'affifter les Commiffaires qui feroient
pour ce deputez : tenir bons & fidels regiftres, &
garder les papiers & minuttes defdites Commiffiõs,
pour y auoir recours fi befoin eftoit : Lequel Edict a
efté regiftré en noftre Chambre des Comptes à Paris le feiziéme dudit mois d'Octobre, & en noftre
Cour des Aydes le vingt troifiéme Decembre enfui-
uant. Et ayant confideré que fi lefdites fonctions
eftoient difpercées en fi grand nombre de perfonnes,
nous tomberions au mefme defordre que nous auiõs
voulu efuiter. D'ailleurs que de donner l'entrée de
noftre Chambre, en qualité de Secretaire ordinaire
d'icelle, par Edict, & à tant de gens non qualifiez,
c'eftoit chofe non encores vfitée : & que l'vn & l'autre defpendant nuement de noftre volonté, nous ne
deuions la reftraindre par vn Edict, contre lequel
nous ne pourrions plus agir, ny nofdits fucceffeurs,
qu'en rompant en quelque forte la foy publique:
nous auons iugé raifonnable de reuoquer noftredit
Edict, efteindre & fupprimer tous lefdits offices. Et
pour ce qu'il importe au bien de nos affaires & feruice: & pour efuiter à la confufion, & aux difficultez du
paffé, d'auoir certaines perfonnes pour vacqu er à
l'exercice defdites Commiffions extraordinaires, de
nous contenter d'eftablir Trente-deux Greffiers defdites Commiffions extraordinaires, & mettre en la
fonction & exercice defdites charges vn tel ordre &
reglement que le tout foit à l'aduantage de nofdites
affaires,& fans preiudicier à l'exercice d'aucun de nos
anciens officiers : Sçavoir faisons, Qn'ayant
mis cet affaire en deliberation en noftre Confeil, au-
quel eftoit la Royne noftre tres-honorée Dame &
Mere : aucuns Princes de noftre fang , Officiers de

noftre Couronne, & principaux de noftredit Confeil:
De leur aduis, & de noftre certaine fcience, plaine
puiffance & auctorité Royale, Nous auons parle
prefent Edict perpetuel & irreuocable, reuocqué,
efteint & fuprimé, reuoquons, efteignons & fuppri-
mons noftredit Edict du mois d'Octobre mil fix cens
treize; enfemble les cent offices de Secretaires ordinaires de noftre Chambre, creés par iceluy Edict, &
tout ce qui s'eft enfuiuy en execution dudit Edict;
Sans que pour quelque caufe & confideration que ce
foit lefdits offices puiffent cy apres eftre reftablis. Et
pour reftablir vn ordre certain & vtil au bien de nos
affaires & feruice en l'exercice des places de Greffiers
des Commiffions extraordinaires, foit pour rachapts
de parts & portions de noftre Domaine, Aydes, rentes, offices hereditaires, droicts, & autres reuenus ea-
gagez à faculté de rachat perpetuel; recherche & re-
vnions des vfurpez, ou recellez: Ventes, & reuentes
& allienations defdites chofes quand le cas y efchet;
qui s'executent, s'executeront à l'aduenir par Commiffaires generaux, où particuliers, foit de noftre Cô-
feil, Cours fouueraines, qu'autres pour ce regard, en
vertu de nos Lettres patentes, & de nos fucceffeurs
Roys ailleurs qu'en noftre Confeil: Enfemble les recherches & payemens de nos droicts de francs fiefs,
& nouueaux acquefts. Nous auons par noftre prefent
Edict des mefmes pouuoir & authorité que deffus,
Creé & erigé, creons & erigeons en chef & tiltre
d'Office formé, Trente deux charges de Greffiers
defdites Commiffions extraordinaires, pour y eftre
dés à prefent par nous pourueu de perfonnes capa-
bles, & cy apres quand vaccation y efcherra: Pour
eftre lefdites charges exercées fouz les Commiffaires

qui feront comme dit eft deputez par nous , & nofdits
fucceffeurs, tant en noftre Cour & fuitte , qu'en l'eften-
duë de nos Parlemens, Chambre de nos Comptes, &
Cour de nos Aydes. Pour par les pourueus defdits
Trente deux Offices feruir en la fonction & exercice
de Greffiers fouz lefdits Commiffaires generaux , ou
particuliers , & leurs fubdeleguez , qui feront nom-
mez & deputez comme dit eft , par lefdites Commiffions extraordinaires émanées de noftre grand Seau,
pour proceder aufdits rachats & rembourcemens des
parts & portions de noftredit Domaine de quelque
nature & qualité que ce foit, Aydes , rentes affignées
fur nos deniers & receptes, offices, droicts & reuenus
Domaniaux , ou hereditaires , créez & eftablis, ou à
créer ou eftablir: recherches & reunions defdites chofes vfurpées fur nous , ou recellées; francs fiefs & nouueaux acquefts: enfemble à la vente , reuente, allienation, & engagement de toutes les chofes fufdites , ou
parties d'icelles lors qu'il efcherra , & fera procedé
comme dit eft ailleurs qu'en noftredit Confeil: En fin
de l'execution de chacune defquelles Commiffions,
& fix fepmaines apres , lefdits Greffiers feront tenus
de mettre és mains du Secretaire de noftredit Confeil, lors en quartier , vn procez verbal, ou regiftre de
tout ce qui aura efté executé à caufe de ladite Com-
miffion , qui fera figné & certifié par les Commiffaires, & contrefigné du Greffier qui aura vaqué à l'exercice du Greffe fouz lefdits Commiffaires, dont fera
deliuré acte par ledit Secretaire pour feruir aufdits
Commiffaires, & Greffiers lors que taxe leur fera faite en noftredit Confeil de leurs iournées & vacatiós,
& cahier de frais des efcritures : Et icelles Commiffions acheuées & finies, ne pourront lefdits Greffiers

signer aucun acte defpendant du fait de ladite Com-
miffion qui nous puiffe charger. Voulons pour ce regard que tous actes demeurent finis & acheuez: dans
toutes lefquelles Commiffions l'vn defdits Greffiers
fera nommé, fans qu'autre s'y puiffe immifcer ny en-
tremettre, ny les Commiffaires en prendre & appel-
ler d'autres pour l'exercice dudit Greffe, à peine de
faux, nullité de toutes expeditions, & de tous les def-
pens, dommages & interefts defdits Greffiers. Et
pour le temps de l'exercice defdites charges, les pourueus defdits Offices en conuiendront enfemblement:
remettant à eux l'ordre qu'ils auront à tenir pour ce
regard: mefmes de fubdeleguer des Clercs en leur
lieu felon qu'ils verront eftre neceffaire : A chacun
defquels Offices nous auons attribué & octroyé, at-
tribuons & octroyons Mil liures tournois de gages
par an, reuenans pour tous à Trente deux mil liures,
au lieu de Quarante deux mil liures que montoient
tous les gages attribuez aufdits Cent Secretaires de
noftredite Chambre, créez par noftredit Edict du
mois d'Octobre mil fix cens treize, & fupprimez par
le prefent Edict. Et outre voulons qu'ils iouyffent des
mefmes droicts & efmolumens qu'ont iouy ceux qui
ont exerce, & exercent encores à prefent les Greffes
de nos Commiffions extraordinaires pour leurs vac-
cations, voyages, efcritures, expeditions de contracts,
actes d'adiudications, ordonnances de rembourcemens, & autres actes dont ils feront payez, fuiuant
les Reglemens de noftre Confeil: Lefquels gages defdits Greffiers demeureront affignez fur le reuenu general de nos Gabelles de France : A commencer du
premier iour de Ianuier prochain, ainfi qu'eftoient
lefdits Quarante mil liures de gages defdits cent Se-

cretaires de nostre Chambre. Et à ceste fin seront
iceux employez és Estats de nosdites Gabelles de la
Generalité de Paris, Pour estre lesdits gages payez
aux pourueus desdits offices par les Fermiers desdites
Gabelles sur leurs simples quittances esgallement,
par les quatre quartiers de l'année. Et d'autant que
l'exercice desdits gages est plain de labeur & trauail,
& qu'il conuiendra ausdits Greffiers se transporter en
diuerses Prouinces de nostre Royaume pour vaquer
audit exercice, Nous octroyons & permettons à ceux
qui seront pourueus & receus ausdits offices, de les
tenir & posseder, & les resigner à condition de suruiuance, ainsi qu'il a esté par nous octroyé à nosdits Secretaires, & de la Maison & Couronne de France: En
payant à cause de ce en nos parties Casuelles la somme par nous ordonnée. Et au cas que les pourueus
desdits offices de Greffiers se treuuent aussi pourueus,
ou se fassent pouruoir par apres d'offices de l'vn de
nosdits Secretaires, Maison & Couronne de France;
Leur permettons & octroyons de tenir lesdits offices
de Secretaires auec ladite condition de suruiuance,
En finançant en nos parties Casuelles pareille somme
que celle payée pour iouyr de ladite suruiuance par
les autres Secretaires des Colleges desquels seront
lesdits Offices. Et moyennant la presente creation,
Nous auons reuoqué & reuoquons toutes Commissions expediées, & à expedier à quelque personne que
ce soit pour exercer lesdites charges de Greffiers sous
les Commissaires deputez pour la vente, reuente, &
alienation de nostre Domaine, Greffes, Clercs, Pari-
sis d'iceux, Seaux, Tabellionnages, Presentations,
Doublemens, Offices, Droicts, & reuenus heredirai-
res; Recherches de nos droicts Domaniaux recelez
ou viur-

ou vſurpez, Francs fiefs & nouueaux acqueſts, tant en
noſtredite Cour & ſuitte, que noſtredite ville de Paris, & autres lieux de noſtre Royaume. VOVLONS
que leſdits Greffiers, ou leurs Commis auſdits Greffes, remettent tous les papiers d'icelles Commiſſions
és mains des pourueus deſdits offices dans vn mois
du iour qu'ils en auront eſté requis, ſinon ceux qu'ils
auront mis és mains des Secretaires de noſtredit Cô-
ſeil: & en cas de reffus ou delay, ils y ſeront contraints
ledit temps paſſé, par les voyes ordinaires & accou-
ſtumées pour nos affaires, Nonobſtant oppoſitions ou
appellations quelconques, & ſans preiudice d'icelles; dont ſi aucunes interuiennent, nous auons retenu & reſerué à nous, & à noſtre Conſeil la cognoiſſance, & icelle interdite à tous autres Iuges. Et d'autant que nous auions cy deuant creé quatre offices de
Greffiers deſdites Commiſſions extraordinaires, par
noſtre Edict du mois de Mars mil ſix cens vingt quatre: & depuis par noſtre Edict du mois d'Aouſt dernier, attribué & vny la fonction & exercice des Greffes deſdites Commiſſions aux Offices des Cinq Colleges de nos Secretaires, Maiſon & Couronne de
France; Leſquels Edicts nous ne voulons ny enten-
dons ſubſiſter pour l'aduenir, Nous auons par ceſdi-
res preſentes, reuoqué & reuoquons noſdits Edicts
pour touſiours, ſans que leſdits Secretaires, ny autres
s'en puiſſent preualoir en aucune ſorte & maniere que
ce ſoit, Nonobſtant la publication faite d'iceux en noſtre grande Chancellerie: Et regiſtrement és Regi-
ſtres de l'Audiance de France, que nous auons reuo-
quez, SI DONNONS EN MANDEMENT à no-
ſtre tres-cher & feal le ſieur Halligre Cheualier,
Chancelier de France, & de Nauarre, de faire lire &

publier noſtre preſent Ediĉt en noſtre grande Chancellerie, le Seau tenant, iceluy faire regiſtrer és Re-
giſtres de l'Audiãce de France, par nos amez & feaux
les grands Audianciers, & Controlleurs generaux de
ladite Audiance, & le faire garder, entretenir & ob-
ſeruer ſelon ſa forme & teneur, ſans permettre qu'il y
ſoit contreuenu. Et à nos amez & feaux Conſeillers
les gens de nos Comptes à Paris, de faire auſſi lire,
publier & regiſtrer noſtredit Ediĉt, du contenu en iceluy faire iouyr & vſer, & en laiſſer iouyr & vſer les
pourueus deſdits Trente deux Offices de Greffiers,
leurs Clercs & Commis, & tous autres qu'il appar-
tiendra, ſans aucun trouble ny empeſchement, nonobſtant oppoſitions ou appellations quelconques,
pour leſquelles, & ſans preiudice d'icelle ne voulons
eſtre differé : & dont ſi aucunes interuiennent nous
auons retenu & reſerué la cognoiſſance à noſtre per-
ſonne, & à noſtre Conſeil, & icelle interdite à tous
autres Iuges quelconques, Nonobſtant auſſi tous
Ediĉts, Ordonnances, Arreſts & Declarations au con-
traire : Auſquelles, & à la derogatoire des deroga-
res y contenues, nous auons deſrogé & deſrogeons.
Et afin que ce ſoit choſe ferme & ſtable à touſiours,
Nous auons fait mettre & appoſer noſtre ſeel à ceſdi-
tes preſentes, ſauf en toutes choſes noſtre droiĉt, &
l'autruy en toutes. Donné à Paris au mois de Decembre, l'an de grace mil ſix cens vingt-cinq. Et de noſtre
regne le ſeiziéme. Signé, L O V I s. Et plus bas, Par le
Roy, D E L O M E N I E. Et à coſté :

*Leu, publié & regiſtré en la Chambre des Comptes,
Ouy le Procureur general du Roy, par le commandement
de ſa Majeſté, porté par Monſeigneur ſon Frere, venu exprez*

en ladite Chambre, affisté des sieurs Mareschal Dornana,
de Champigny, & de Leon, Conseillers en ses Conseils d'E-
stat, & Priué, sans auoir esgard aux oppositions des secretaires, pour lesquelles ils se retireront par deuers le Roy
en son Conseil, pour leur estre faict droict ainsi que de raison,
le sixiéme iour de Mars mil six cens vingt-six.

Signé,   BOVRLON,

Leu, publié le sceau tenant, de l'ordonnance de Monsei-
gneur le Chancelier, & registré és registres de l'Audiance de France: & alte de l'opposition formée par les Secretaires du Roy, par moy Conseiller de sa Majesté en ses Conseils d'Estat & Priué. Secretaire, & grand Audiancier
de France, A Fontainebleau ce vingt-troisiéme Auril
mil six cens vingt-six.

Signé,   DESPORTES.

EXTRAICT DES REGISTRES
du Conseil d'Estat.

EV par le Roy en son Conseil les oppositions formées, tant en la Chambre des Comptes de Paris, que publication faite au Seau, par les Secretaires de sa Majesté, Maison & Couronne de France, à l'Edict du mois de Decembre mil six cens vingt-cinq: Portant creation de
Trente deux Offices de Greffiers des Commissions
extraordinaires: Sur lesquelles ladite Chambre auroit renuoyé lesdits Secretaires pour se pouruoir par

deuers sadite Majesté ; & sur ladite publication leur auroit esté donné acte de leur opposition. Veu aussi les exploicts d'assignation donnée aux Procureurs de tous les Colleges desdits Secretaires. Et apres que Maistre   Alix Secretaire du Roy Procureur du College des Six vingts , & Maistre Iacques Poicteuin aussi Secretaire du Roy ont esté ouys audit Conseil, SADITE MAIESTE EN SON CONSEIL, Sans s'arrester ausdites oppositions, & à toutes autres faites, ou à faire , A ordonné & ordonne qu'il sera passé outre à l'execution dudit Edict; Et qu'à cest effect toutes Lettres de Prouisions necessaires seront expediées , & seellées desdits Trente deux Offices de Greffiers des Commissions extraordinaires. Faict sadite Majesté tres-expresses inhibitions & defenses ausdits Secretaires, & tous autres, de troubler les pourueus desdits offices en leur exercice & fonction, à peine de tous despens, dommages & interests. Faict au Conseil d'Estat du Roy tenu à Fontainebleau le treiziéme iour de May mil six cens vingt-six.

Signé,   BARDEAV.

Collationné aux Originaux par moy Conseiller Secretaire du Roy, & de ses Finances,

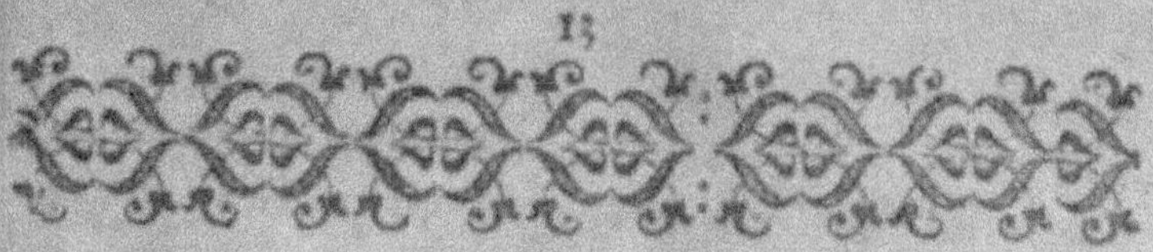

EXTRAICT DES REGI-
stres du Conseil d'Estat.

Ev par le Roy en son Conseil, l'Edict du mois de Decembre mil six cens vingt cinq, regiſtré en la Chambre des Comptes à Paris, le ſixiéme iour de Mars dernier, publié & regiſtré en la grande Chancellerie de France le vingt-troiſiéme iour d'Auril enſuiuant, portant creation de Trente deux Offices de Greffiers des Commiſſions extraordinaires : & ſuppreſſion de l'Edict de creation de Cent Secretaires de la Chambre du mois d'Octobre mil ſix cens treize, de celuy de la creation de quatre Greffiers deſdites Commiſſions extraordinaires du mois de Mars mil ſix cens vingt-quatre, & de l'Edict du mois d'Aouſt mil ſix cens vingt-cinq, par lequel la fonction & exercice deſdites charges eſtoit attribuée & vnie à tous les Offices de Secretaires de ſa Majeſté : enſemble reuocation de toutes Commiſ-ſiós expediées pour exercer leſdites charges de Gref-fiers ſouz les Commiſſaires deputez par ſa Majeſté, tant en ſa Cour & ſuitte, que ville de Paris, & autres lieux du Royaume, pour raiſon des ventes, alliena-tions, & reuentes des parts & portions de ſon Do-maine, offices, & droicts, & reuenus hereditaires, & recherches de droicts Domaniaux recelez & vſurpez : & voulant sa Majesté que ceux qui ont leué lesdits Offices en ses Parties Casuelles, & financé, obtenu Lettres de Prouision desdits Offices , ou d'aucuns d'iceux en soient mis en plaine possession & iouyssance, sans aucun empeschement suiuant ledit Edict: LE ROY EN SON CONSEIL , conformement audit Edict du mois de Decembre dernier , A reuoqué & reuoque toutes Commissions expediées à quelques personnes que ce soit pour exercer lesdites charges de Greffiers souz les Commissaires deputez par sa Majesté tant en sa Cour & suitte, qu'en la ville de Paris, & autres lieux du Royaume , pour la vente, reuente, allienation, & rachapts du Domaine de sadite Majesté , aux droicts & reuenus declarez par ledit Edict. Faict sa Majesté tres-expresses inhibitions & defenses à ceux qui exercent lesdits Greffes par Commission , de s'ingerer apres la signification du present Arrest, en la fonction d'iceux, à peine de faux : & ausdits Commissaires de plus les y admettre , ains d'en laisser iouyr dés à present les pourueus desdits Offices, leurs commis ou subdeleguez. Ordonne en outre que lesdits Greffiers qui les ont exercez par commission , ou leurs commis remettront daus vn mois, du iour de la signification du present Arrest, à leur personne , ou domicile , és mains de Maistre Guy Carré Conseiller, Secretaire de sa Majesté, Greffier desdites Commissions extraordinaires , tant pour luy , que pour les autres pourueus desdites charges, tous les papiers desdites Commissions desquelles l'execution n'est encores parachenée , sinon ceux qu'ils ont remis & deliurez és mains des Secretaires dudit Conseil : & en cas de reffus ou delay , ils y seront contraincts ledit temps passé par toutes voyes accouftumées , deuës & raifonnables , nonobftant oppofitions ou appellations quelconques , & fans preiudice d'icelles, dont fi aucunes interuiennent, fa Majefté s'eft referué & retenu la cognoiffance, & à fondit Confeil, & icelle interdite à toutes autres Cours, & Iuges. Faict au Confeil d'Eftat du Roy tenu à Fontainebleau le vingtiéme iour de May mil fix cens vingt-fix.

Signé,   BARDEAV.

Collationné aux Originaux par moy Confeiller, Secretaire du Roy, & de fes Finances,

www.ingramcontent.com/pod-product-compliance
Lightning Source LLC
LaVergne TN
LVHW010307060726
842527LV00007B/2922